La moda albana

Alexis Soto Ramírez (La Habana, Cuba, 1967). Recibió, en su ciudad natal, el Premio Luis Rogelio Nogueras de poesía con *Estados de calma* (Ediciones Extramuros, 1993). Ha publicado, además, *Turbios celajes intrincados* (Ediciones Lenguaraz, 2016), y *Oscuro impostergable o la circunstancia de la hormiga* (Ediciones Lenguaraz, 2016). Sus poemas han aparecido en revistas literarias de Estados Unidos, México, Francia y España. Textos de su autoría están incluidos en *Algunos pelos del lobo. Jóvenes poetas cubanos* (Instituto Veracruzano de Cultura, 1996). En el 2018 obtuvo el segundo lugar de poesía en el XXVII concurso literario del Instituto de Cultura Peruana de Miami. Reside en Ellicott City, Maryland, EE.UU.

ALEXIS SOTO RAMÍREZ

La moda albana

ediciones Lenguaraz

Edición: *José Antonio Michelena*
Foto del autor: *Ben Sussman*
Diseño de cubierta: *José Antonio Soto*
Foto de cubierta: *Kayla Whitehead* modelada por *María Paula Rodríguez*

©Alexis Soto Ramírez, 2019
©Ediciones Lenguaraz, 2019

www.edicioneslenguaraz.com

ISBN: 978-0-9971960-4-7

Todos los derechos reservados. Ninguna parte de este libro puede ser reproducida o transmitida de cualquier forma o por cualquier medio, electrónico o mecánico, incluyendo fotocopia, grabación, u otro sistema de almacenamiento y recuperación, sin permiso escrito del propietario del copyright.

Para José, Alejo, Chavela, y Mima

La escritura y el rescate de un náufrago

Es, desde su circunstancia de destierro, que el hablante lírico de *La moda albana*, de Alexis Soto Ramírez (poeta cubano nacido en 1967 que arribó a Estados Unidos en 1994), reflexiona y transforma en poesía el mundo que habita y, con mayor despliegue, la condición humana.

Por su destierro, ha vivido en carne propia la experiencia de desplazamiento físico, y consecuentemente espiritual, vivida por millones de personas: transeúntes, recién llegados sucesivos y trenes cargados de migrantes que huyen de las diversas miserias sociopolíticas —en su caso particular, la «revolución [cubana] que no termina»— ocupan así la voz solidaria de sus versos, entre figuras y vocablos (escapar, navegar, rodar, desaguar, marcha de pasos) que hacen de este movimiento «hacia una realidad imaginada» un gesto de alzamiento o insurgencia contra la realidad real.

Por desgracia, no siempre llegan a su meta estos migrantes, de ahí que encontremos también ahogados y náufragos; ni reciben siempre ayuda humanitaria en su camino, como la que ofrecen unas mujeres al paso de los trenes, sino los vejámenes públicos de sus propios compatriotas, como la que recibe el sujeto lírico al abandonar en balsa su patria: Cuba.

En una percepción más amplia, toda esta movilidad constituye parte de «la dispersión desorbitada de la especie» humana, dispersión recrudecida por cierto desgaste o pérdida de la fe religiosa: los dioses sobreviven estrujados y un tanto olvidados en algún bolsillo del ilusionado viajero.

El desasosiego (delirio, devaneo) de la peligrosa travesía hacia lo que soñamos es atizado, además, por la dolorosa sensación o convicción de una pérdida múltiple o «perdida opulencia»: idos están ahora la infancia y sus sueños —cuando aún eran nuevos—, la patria y sus «ciudades que no regresan», los amigos dejados atrás, «el siglo que se nos fue» bajo el alud de la interminable situación política... Una violencia personal y colectiva (un rasguño imborrable, una «cortadura precoz que no se cierra») radica en la piel de quien lo ha perdido todo: el migrante, como las víctimas de un fuego arrasador («Camp Fire») o de una guerra («Alepo»), testimonia una destrucción que anula para siempre el regreso, no de los individuos, sino de lo habido.

Una febril añoranza de lo perdido y de lo que no regresa azuza la memoria inicialmente insana e insoportable que encierra al ser «en el más inaccesible de los terrenos».[1] Pero dicho encierro no significa en él un árido estancamiento, sino una enriquecedora y diversa movilidad poética: de poema a poema, moviéndose entre tonos y estilos variados tanto en verso como en prosa, va desplegando el alucinado e informe calidoscopio de imágenes atesoradas en su memoria, imágenes estas que le permiten rescatarse de su íntimo naufragio y reconstruirse como ser desterrado en libertad («sin patria, pero sin amo», exclamó en el destierro José Martí), ya que a pesar de saberse desorientado, confundido y fuera de su órbita original (inorbitado), «por fin» ve que la memoria transformada en acción poética le ofrece el necesario acceso a ese difícil, por utópico, terreno que le servirá de refugio o de «remanso

---

[1] Numerosas frases y palabras que empleo son citas directas de los poemas del libro, pero para no obstruir la lectura de este prólogo limité el uso de comillas a los casos imprescindibles.

pueril» sin «dueño ni tiempo ni resaca»: el desasosiego en que ha vivido el viajero se aquieta en la escritura.

Memoria, poesía y paz interior son los signos de su presente victoria sobre las vicisitudes que marcaron las cinco décadas de su vida. Subsanada ya su anterior caída «sin remanso», su credo actual es una afirmación de vida, metaforizada en vertical palmera que no acepta claudicar, que vive «pese a todo», patrullando en guardia permanente, apostada «con gran dedicación a la vigilia». A pesar del odio y del miedo circundantes, confía ahora en la existencia de un pórtico triunfante.

Los sustantivos ojo y mirada, así como los verbos ver y mirar, están en la base de este testimonio, pero no se refieren tanto al acto sensorial como al proceso cognoscitivo: «mi colosal desconocimiento no me dejaba ver», es decir, «comprender con claridad». De ahí que, como en toda fe, el sujeto no necesite ver para creer, y pueda entregarnos aquí en forma de epifanía su nueva visión esperanzadora.

Además, inmune a toda contingencia, su credo se nutre del «alma interior de las cosas», por lo que, a pesar del dolor, no duda en recuperar desde sí mismo y reconstruir en sus poemas, su patria perdida. Por lo que, aunque «no quisiera recordar», recuerda los más diversos indicios (populares, letrados, históricos, naturales...) de la cubanidad («la cumbanchera isla y sus relajos»): palma, guásima, bembé, cañaveral, batey, masarreal, raspadura, relambío, morder el cordobán, retratos habaneros y miamenses, Carlos Manuel de Céspedes, y ecos de Martí, José Lezama Lima,[2] Severo Sarduy, Heberto Padilla y

---

[2] Mediante varias referencias léxicas y metafóricas, el poemario inscribe con sugerente sutileza la misión del mulo lezamiano en las eventualidades que rodean la escritura del hablante lírico, el cual adopta diferentes figuras gramaticales: en particular, yo, tú y nosotros.

Lorenzo García Vega[3] desfilan por el libro evocados por la nostalgia no reconstructiva sino reflexiva[4] del autor, por cuanto no deja de percibir en dichas referencias patrióticas una gastada condición de «manidos símbolos», ni deja de observar con socarronería cómo la heroica herencia mambí de Céspedes (las hijas) ha devenido ahora voluntaria consumidora «en un *mall* al oeste de Miami».

Como en Padilla, es la suya, por disentir, una «mala memoria», la cual sin embargo se mantiene fiel al recuerdo de la patria perdida, mientras que la patria (¿o se estará refiriendo en realidad al gobierno «que no termina»?), en una muestra de suprema soberbia y borradura, olvida a sus hijos desterrados, porque es una cruel desmemoriada que está «quizás enferma» (como el Dios vallejiano) y se mantiene en su «codicia salivando como una perra en celo».

«Debí quedar quieto», confiesa el yo lírico, pero se movió: a diferencia de la cigarra, se largó a tiempo e inició su tribulado destierro. Un contraste entre la fijeza y la movilidad (del mulo lezamiano y, a la vez, del ser humano) atraviesa de manera ambigua el poemario. La paz, el remanso añorado por el ser en constante movimiento, es algo que los humanos les envidian a las bestias. Pero una duda pende: cuando se alcance esa paz, cuando todo cese, ¿será ello la vida o la nada? Por momentos, parece que la incesante actividad es sinónimo de vida, aun cuando resulte desgastante, de ahí el énfasis no sólo en el jorobado paso del hombre por la tierra, cargando con su decrepitud, su artritis, sus cansadas reflexiones y sus

---

[3] Con la frase «playa albina» expresó García Vega su extrañeza ante lo cubano-miamense, y con «la moda albana» expresa Soto Ramírez aquí la suya.

[4] En *The Future of Nostalgia* (2001), Svetlana Boym contrapone la «nostalgia reconstructiva» (usualmente retrógrada y peligrosamente nacionalista) a la «nostalgia reflexiva», la cual está caracterizada, entre otras cosas, por «la disidencia nostálgica» contra toda trama homogeneizadora.

«andamiajes absurdos» —pero suyos— a través del tiempo, sino también en una expresión retórica de «verso fluvial» y «olas en ascenso». La vida, como ya vio Martí («circo la tierra es, como el romano»), no es un lago en calma, sino un «terrible ruedo» de toros bravos, observa el autor, indicando con tal metáfora amenazadoramente activa el destino humano y no un mero azar de la existencia.

Movimientos del ser son, de igual forma, los actos fundacionales de abrir ventanas y pechos, de descoser y destejer «el suéter cansado de los años» para reformularlo en el bordado superior que se hila en la escritura. Soto Ramírez ofrece así una poética para trascender la erosionable temporalidad del ser y, con la locuaz perseverancia de «las limpiadoras», vencer sobre la nada, pues si tonta es esta realidad, astuta es «la imagen que soñamos» y escribimos.

JESÚS J. BARQUET
Chicago, marzo de 2019

I

El náufrago

El náufrago

nos arrastró el viento por treinta y un días con sus noches
su obsesivo empujar sombreros y pancartas por el suelo
el aliento del náufrago sus angustiados brazos
el remo y la resaca
los espadachines sedientos de vasos largos
de flores azules o amarillas
las columnas jorobadas de la ira

su boca (la del náufrago) ni sonríe ni canta
sus párpados son mármoles mojados
su silencio es más terrible que la historia
su sed atraviesa océanos y se pierde
como gaviotas azoradas
si revuela su cabello es porque el viento es más fuerte
que las algas que lo ungen

es una lucha a muerte
el animal en franca discordia
con el vaso de largas flores azules o amarillas
que no retiene agua ni huracanes
ni despedazados dedos de agarrar
lo que una vez soñamos

es la insana memoria que resbala por el vaso
con ojos buscones
con una sed que cabalga su silencio inmemorial
que no es como el canto apagado de las sirenas
o el espanto del náufrago en esta noche tan larga

Tú no me recuerdas

tú no me recuerdas patria mía
se te ha olvidado mi sangre
mis pantalones cortos
pecho al aire como un bólido
lleno de bríos por tus calles
cuando el sueño aún nuevo
no parecía envejecer

tú nunca me quisiste patria mía
nunca pude escuchar el susurro de tu canto
cuando me desvanecía como un Ulises ebrio
por negros pontones escapando
al resplandor salino de la bruma

navegar río abajo cuando los otros
hijos también de la patria
apedreaban mi balsa
bajo ese sol tuyo tan sin manchas

tú no me recuerdas patria mía
estabas muy enfadada
o quizás enferma
cuando llegué una tarde
inoportuno y cargado
de insoportables sueños

no necesitaba de tu soberbia
no era lo que este hijo tuyo
salvador de distancias

buscador de tibios oros
dispersos pedía

es que no había suficiente sol
para tus madejas

es que no había cadalso suficiente
donde apretar la garza que escapa
a tus manidos símbolos

no
tú no me recuerdas
solo esperas el fruto de la vicisitud
en tu codicia salivando
como una perra en celo

Inorbitado aún

no toco el tambor que cuelga
de la ventana siguiendo
cansadas escaramuzas
minutos que se alargan aleteando
caen del cielo inorbitado aún

hay personas que lloran en la otra orilla del cielo
agujereados edictos que sostienen muros

ya está muerta esa pequeña ternura
hoy solo quedan ritos
aguas que prefieren un cetro a un caudal

al final del pasillo ese blasón estático
a la vez objeto y motivo

la ventana se abre pasadas las siete
cuando se ha terminado la fiesta
reparten panfletos negros
regocijo de necios
como la noche sideral que no termina

La excusa

un aroma tenue a mango empapa
las barbas de los recién llegados
a los que llevamos acá más de veinte años
nos sirve esto de excusa
para un rechazo contundente

Alepo

alepo era la cornisa entre tejados turquesas
o naranjas
era la ciudad una diadema
sus barrios antiguos de toscos portales
de sombras arrullando un susurro apenas
un trino de levísimas ansias

ladrillos   torres   puentes
pasillos de un polvo acostumbrado
sus calles celosas urdían
el sueño de niños ahora ausentes

sucio
terco y sucio es el humo que se eleva
donde no puede nacer ya más
esa sonrisa

cómo no va doler la cortadura
si rasga en lo más tierno
cómo no va a atragantarse
su furia en su garganta
si no logra soltar su comprimido espanto
un retumbar inútil que desbarata muros

era la ciudad el regazo de la madre dormida
su sueño ese anhelar despierto del que espera

el que ahora regresa no encuentra una puerta
donde chocar nudillos
es un dolor pausado su dolor sin cornisas

sin tejados turquesas o naranjas
o toscos portales
de tibias sombras arrullando

Los miserables

el prolongado consumo de cierto tipo de falacia
nos ha hecho maldecir la antigua valentía
no por casualidad el apretón flácido de manos
no por casualidad los arabescos que dibujamos en el polvo
mientras sentados alrededor de la bodega
como se pueda sobre piedras troncos o cajones
el cabizbajo pan esperamos

El pórtico

un enorme pórtico de enhiestas maderas
mejillas que el viento agrede
el pórtico se eleva victorioso
pero aun más fuerte es la acometida del odio
aun más incesante es el viscoso miedo
que por debajo invade

El abrepecho

el abrepecho me cayó de canto
el episodio de la torcaza que no quería
estabas mirando estrellas
que de repente eran dagas
tu barca buscando encalladero
por troneras sin luz
si no llegara el abrepecho
se podría respirar nuevamente
las flores en la noche
estabas mirando estrellas
la maleta polvorienta las pasas
los pequeñísimos amuletos que adornan
albaricoques en miel
la cadera como un pincel
que libra una batalla
será que la grandeza entra por la espada
a la incisión deliberante de un tucán
o de una flor carnívora que acecha
y se deja arrastrar hacia el fango
donde reposan los dedos
hundidos de las palmas
estabas mirando estrellas
corrías de un lado a otro como un perro
sintiendo el abrepecho mutar caimanes y nodrizas
increíbles murgas de extravagantes peinados
ojos que no quisieran ver llegar la mañana
estabas mirando estrellas
vigilando la pantomima de sombras
el abrepecho retrocede entonces
para empezar de nuevo
el episodio de la torcaza que no quería

Gorriones

la marcha de los gorriones
únicos sobrevivientes
marcha de azules exabruptos

para ofrecer tenemos
un agua calculada
sin ovillos que revienten
la orfandad del tiempo

voy cayendo sin remanso
ningún esfuerzo ahuyenta mis tinieblas

seco está el huracán que por acá pasaba
y es que no vimos su corteza
ciegos como estábamos
abrazados a una espuela
escuchando trinos de viejos holocaustos

la miseria de la carne arrastra nervios
corbatas y trombones

no ha terminado aún la refriega
y todavía tengo aquel rasguño enorme
sembradíos en la parábola del tiempo
la melena cayendo sobre el menos
cortés de los olvidos
azules gorriones relumbran
y de nuevo se esconden

tonta esta realidad
astuta la imagen que soñamos

Trenes en movimiento

las mujeres sin nombre que lanzan panes a los jóvenes
corazones que cabalgan trenes en movimiento
que buscan escapar de la miseria
de los disparos de la ira
de la descomposición de los barrios
donde al amigo le han nacido garras
y les empuja por la sangre a los abismos
y les empujan vientos a cabalgar trenes
que indiferentes corren
hacia una realidad imaginada
devoradora de jóvenes corazones
que cabalgan trenes en movimiento

Mi credo

mi credo es una palmera doblada por el viento
ese poderoso esfuerzo de vivir pese a todo

no es el cúmulo creciente que recorre la mirada
ni ese caño por donde escapa un agua
que ya no escanciaremos

mi credo es acaso el alma interior de las cosas
la cara de la luna en la acequia
reflejo inútil de lo que somos

mi credo es una coz brutal que el tiempo asesta

Camp Fire

a quién debemos llamar en caso de incendio
a quién si la llama ruge
y consigue dominar todo el espacio

a quién llamar dónde refugiarnos
dónde esconder las convicciones
si las praderas chamuscadas enmudecen
si los misterios perdieron desde ayer
todo el encanto

como cascos tirados al camino
la erosión vacía las almas de los transeúntes
sonidos sin armonía
rayos sin esperanza
el fuego hace estallar el centro sagrado de los árboles

adónde acudir qué puertas reventar
qué alaridos o plegarias proferir
a quién debemos llamar en caso de incendio

Cataclismo

ver los grandes desagües
la cadencia del agua sin relojes
esa manera de rozar la hoja buscando su intoxicación
su parentesco con sargazos de remotas orillas

una llamada en el hombro puede significar un témpano
un gitano témpano desangrándose
una llamada al fondo del zaguán
donde la luz adquiere matices de mármoles garabateados

la tormenta se apresta
simula una ventana
o una mancha en el ojo como un rayo
bajo el agua las piedras arrastran un miedo imperecedero

donde se unen tres ríos se abrazan en huida los pistilos
el agua en su furia ya no espera
su libertad es el fuego que reivindica
cúspide de la memoria atesorada

el poniente y el naciente sin odio se abrazan
su fusión es la migaja de un pan abandonado
su permanencia un incómodo retroceso
hay helechos restos de hojas muertas
ojos impávidos de un morbo amarillo
huecos donde sucumben estatuas de sal

la vicisitud corrompe la marea
el agua sin edad se sobrepone al escalón
al estado primordial de los infiernos

II

Perdida opulencia

Perdida opulencia

no era al fin una cuestión de tiempo
el alejarse de la infancia
arraigo inútil de los ojos

es que solo quedan insensatos mundos
el mundo de la gula
o el mundo sórdido de la lascivia

cinco temporadas de deslumbre
arriman la noche a una pradera sin luz
más de una generación quema ahí su mísera opulencia

será esta la cofradía de los que se arrastran

envejecer trae unos aires de nostalgia
también de prisas
ya quisiera olvidar los umbrales
olvidar la cabalgata sin herrajes
cuando se abrían el romerillo
y las legumbres más finas

el derecho es una cortadura precoz que no se cierra
una postura de desentono creciendo impetuosa
donde bebimos el triste maná
y nos olvidamos del cañaveral y sus oleajes

he visto manteles sin decoro
pisadas que preferían volar sobre el asfalto
he visto al ahogado del pozo
buscando ciego en el patio
añorando sus antiguos verdes
salivando su perdida opulencia

Los de abajo

me veo en el ojo cansado del buey
añorando ciudades que no regresan
me veo en un camino que parte y culmina
en un mismo ojo redentor y frío

al pasar por el rayo
sentí la coraza indómita del paje
bailando una danza eléctrica y sumisa

la tierra es donde duermen los de abajo

los de abajo rememoran al buey sediento
ese ojo que atrae pequeñísimos insectos
su pereza es una rama que cae
bajo el agorero rayo mutilante

Yazgo

yazgo de vertebradas muecas incoloro
por la cumbre de túmulos zorrillos
marmotas a la acelerada descomposición
de mis átomos son testigos

yazgo oscuro yerto inasequible
y por el hueco del tiempo
llueven mis memorias
mis incongruentes ganas
mis aferrados sueños

yazgo y sin querer se escurren
las sucias escarchas los antojos
los restos de una nieve
la celosa y sorprendida guásima respira

llueven hacia siempre mis andares
mi cuerpo inasible ya incoloro
ya mezclando su humanidad indescifrable
al amoroso cobijo de la sierra

yazgo allá arriba en lo más húmedo
y con la nata del cielo dibujo vendavales
mi indumentaria es un racimo de abejas
o una yagruma que oculta
por el oscuro monte su nobleza

yazgo así y sin saberlo lloro
al descoser las tiernas camisolas
la gota de lo eterno el raciocinio
las vertebradas muecas lo incoloro

Desteje

poco a poco desteje el suéter
con dedos de un nervioso noser
trepa la noche por su espalda
arrastrando acuarelas
manchas de humedad
dibujos por las paredes que regresan sin aviso
la taza de té dormida sobre la poca mesa
los pasmados caballos del cielo
el pino de mórbidas guedejas
la mecedora la ventana
los dedos sin sombra torcidos por la artritis
destejen el suéter cansado de los años

Toda la gracia

para espantar las algas de los ojos
y buscar el sabor de la tierra
se iba a mascullar todas las tardes
refranes y tabaco
yendo y trayendo las estrujadas alas
su milagroso ungüento

la permanencia del silencio cala
como cala la brisa las panzas de los bueyes
en coletazos fallidos a las moscas
su corazón bovino muere

por eso busca el silbido en la ventana
el canto del ave que otea
desde el alero su inconmensurable miseria
por eso se detiene como recordando
como si oyera de otrora voces que lo llaman

con qué amarillento gozo se dibujan
en las profundas cuevas del gamo su nobleza
mas no así el jorobado paso
del hombre en su decrepitud
no así sus cansadas cavilaciones

con qué melancolía avanza por la plaza
a recoger los cantos de los niños
su única heredad
y con qué garbo levanta su sombrero
como queriendo atrapar su corazón
toda la gracia

Cinco décadas

cinco décadas arriman su hocico de animal curioso
alas dobladas larga cola
como sable de tigre acorralado

yo me conformo y me estremezco
en la hora más descomunal del día
mientras el viento pide a gritos
lo que no se nos permite poseer

será que me avisaron ya muy tarde
y ahora llueve sin remedio
sin gatos ni paraguas ni monociclos

ya no persigo la extravagancia
aterrado para siempre de las sillas
la lengua sigue siendo más larga que la ignorancia
me acechan la falsa piedad de los rostros innobles
un desaire en el espacio más tranquilo
donde reposan los muertos
donde se quiebra aquello
que no se deja nunca investigar

Tardes

va cayendo la tarde
el cielo pasmado de un gris sin movimiento
lo que perdemos cada día se nos va
en el dormir cansado de los árboles
en una estela difusa de pájaros insomnes
yo no sé adónde

por el espejo negro navegan los bomberos
aullidos sirenas contra un cielo cada vez más terco
contra la condición humillante del olvido

regresar a los prados es desde siempre una traición
es la rotura del hueso cuando grita sordo
en esas tardes inmóviles
contra sus grises opacos

Otoño

lo corrosivo del verano cedió al encuentro del otoño
y nada queda ahora de su ojo burlón
de su ridícula carga de esperanza

los vientos propagan su manicomio errante
se mueven las hojas como preceptos
que por la amarga vena suben
sin querer dejan entreabierto ese resquicio de miedo
donde se tumban a morir los anaranjados más tiernos

en su rincón secreto el arce se resguarda
cuando la noche como una maldición emana de la tierra

Las limpiadoras

se agacha ahora su locuaz perseverancia
su irrumpir cantando en los rosales
a remojar los tiestos derribados por la canícula
a limpiar la gastada loza que todavía recuerda
sus colores primigenios

los baldes lanzados con cierto rencor
por corredores que pronto lucirán
sus mejores vestidos
no puedo presenciar el alma de las limpiadoras
solo su ahínco
solo ese rubor que les llega de las sombras

en sus sueños hilan bordados
donde ligeras algas acontecen
mariposas telas que se complican
en innumerables trueques
alquimias enjambres amalgamas
que bien podrían relatar toda la historia

La grieguedad de la noche

vine a vender mi espada griega
tullida por la madrugada
y algunos herrajes maltrechos de mi caballo

vine a amortajar los escudos bajo las altas tormentas

la grieguedad de la noche resalta inconfundible
la vicisitud del vino sacudido por el oleaje
vine a dibujar las colas de cometas innacidos
a juntar en el espacio triángulos pitagóricos
pero la espada no es siquiera el frío de la madrugada
su estratagema es un lebrel apostado
atesorando los murmullos más sublimes

yo vendo algunas cosas que pude extraer
furtivamente de la noche
la cadencia del galgo en ese instante febril
              que me desvela
el rumbo desordenado de las estrellas
y aquella paz de las bestias
que envidiamos los hombres

Epifanía

el joven celta duerme en su valle
le cubren sus ojos musgos
de pesados telares
acariciado por un *fresco berro azul*

en el momento que llegué a mi morada
vi que las puertas ya no eran
solo quedaba la espuma de los adioses

la verdad es un animal subterráneo
una semilla muy terca
que no quiere germinar

yo trabajo en esa zona del espectro
que no bendice el agua
cuando al fin me vio Odiseo
al fondo del autobús
me preguntó por su viejo
perro infinito

la epifanía es ese sudor que nos recorre
su gota por detrás de las orejas
buitre feroz en medio del hambre
yugular de la noche

Después

miré con recelo
seguí con la mirada la rama
que a besar devota el río baja

después queda solo el respingo
ese temblor dulce
de los huesos

Intrigas

como se enredan las intrigas cual lianas
y entra en los árboles el agua
por turbios recovecos
como busca la hormiga su tiento
y su consuelo por calzadas
de pujantes pájaros
como se alcanza el espesor trenzado de la samba
y la cintura suave del bossa nova
así se duermen los hombres en la noche
bajo un sombrero de sudores nobles
y un manar de intrigas como lianas
que se enredan por turbios recovecos en la tarde

Los estanques

la imagen que en la piedra rodó por los estanques
atrapando a un toro volador
anclado en las perfectas
las mínimas montañas que se cubren
a su vez de finísimos vestidos como el moho
el fiero moho que al encubrir la piedra lame
su secreto esplendor
su adormecido mosto que viaja por el fondo
de melindrosos estanques en el tiempo

Duele

duele esta osamenta empecinada de quijote
las bandadas de desayunadores
los retablos donde conservan las costumbres
duele el arte socavador
la constancia el derecho umbilical
los trastos las andanzas
duelen los tristes exabruptos
los sembradíos diagonales
el desequilibrio en los tejados
los espacios abiertos sin árboles
duele lo absurdo disfrazado de ingenioso
las coyunturas
la fanfarria de los premios en televisión
los fusilamientos
el siglo que se nos fue
el búho majestuoso las chinchas los espejos
el hueco que dejaron al marcharse los amigos

El armiño

blanco desliz clavado
en el pelaje de la liebre

hay un ensordecedor borboteo

luego todo cesa
luego todo es nada

Ya estabas muerto

a López

me sorprendieron los cerdos de ojos tristes
en el resquicio amoratado de la noche
me sorprendió la señal que no preví
en la hora más descomunal del día

acosado por enredaderas
deshecho por la arrogancia cruel
de los destinos

visité tu lecho
mas no vendré a tu entierro
ya estabas muerto la última vez
que te vi respirando

III

Relambío linaje

Isla cumbanchera

el universo estalló por sus cuatro elementos
los anticuarios los estropajos duros
cenizas bajo la luz fosforescente
el encuentro de la imagen con el cuerpo desnudo

se puede leer el mundo y destilar poesía
tocar a degüello bajo la minifalda de un piojo
conmiseraciones melaza cervical de los bateyes
el universo estalló por sus cuatro elementos
estropajo   costal   cenizas

la cuestión del refajo en la madrugada
por el agave senil no se conversa
dejar salir al sol la mueca atravesada
por una luminosidad inaparente

me había alzado así a comulgar con la pobreza
de caminar con un canario en el bolsillo
la riqueza de no tener bolsillo ni canario
que a sacudir la despeinada eñe regresa

así se mortifica el mozalbete
durmiendo un sábado sin despertar el mulo
no podría regresar sin el bigote
a la (estrujada) isla cumbanchera
su anquilosada mugriedad sutil ardiendo
el manantial oscuro y la pereza

a desandar encueros la mítica isla desayuno
mi instinto aclarador a embadurnar cristales

tornillo incoherente
recalcitrante armazón de clorofilas
destruyen el aplauso y desflorecen
por la risita del buey y su pesar profundo

ah las muchas cavilaciones del vejete
que mira asustadizo la mañana
sin objetar su rodilla lo estremece
a sucumbir entre pañuelos su cantata

el universo estalla entonces agridulce
por sus cuatro costados salpicando
la larga bata de flores el refajo
el anticuario el ventanal añoso
la cumbanchera isla y sus relajos

Devaneos

usted ha dicho así tan de repente
no puedo palpar el cielo a mis espaldas
no llego a distinguir aquella estrella
por su incisión occidental imprescindible
usted va impregnado por los barrios
por donde cae intemporal un aguacero
ciertas imágenes herbívoras
atragantadas de espinas
reclamando en secreto clorofilas
escondiendo panfletos y pancartas
y ve cómo se aleja la manguera
que suelta seco un hilillo
y aturde la batahola circense
de reptiles en acecho
mordidas tambores escaramuzas
y vuelve a interrogar
sin conocer aún la lluvia
y en devaneos se duerme
sueña pajaritos
cultiva con fervor un cerrojo
un escondrijo de marmota
que teme y lame un corcel
salivando español por los tobillos

Sin envidiar

púlpito y pálpito
corazón y coraza
lentos nubarrones
recámara en vuelo
aguardiente sombrío
los altos tamarindos
la chancleta
los pasos alados
la caída
pálpito y pulpo
tentáculos estirando
la soga al cuello
púlpito y palpo
tenor contrayente
reducción absoluta
al duro manantial
sus ricas botas
sin envidiar prestando

Bembé

a lubricar las campanas llegaba
tarde la tarde que rompía
las cacerolas tañían como címbalos
a los clavos y herraduras saludando

allá donde no envejece el sueño
y se agrupan las grupas de las mulas
a beber un agua saltarina de batracios
sin objetar ni la canícula ni el tedio
ni las obstinadas moscas que festejan
un nosequé gozozo y tempestivo

allá mismo desembarcan los toneles
espaldas de oscuras cinturas redondeadas
por aceites y sudores arrollando
la miserable preñez del monosílabo

es un bembé me avisan
mezcolanza de dioses y caminos
bullir de sonámbulos tambores
matraca interminable del destino
son los cantos que preguntan y responden
es la encrucijada familiar del chivo
que rociado en ron por el albur se escapa
de la gordura del tonel y su respingo

Alacrán

rocío de la piedra al alacrán
su mordida inmaculada
su límpida entereza moviéndose despacio

que no muera su instinto
el nervio que de fruición y de celajes agoniza
mirtos y palomas y trofeos
la conjunción triste de los adioses arrastrando

en su molesta gama azul el alacrán
flores y abejorros abjura
piedras en el centro del río
su dulce veneno querellando

es una maldición su serenata
de violáceos labios olvidados
su mimetismo en la ribera
de rocíos pule la mañana

oh caricia milenaria
oh su tibio corazón desalentado

La mosca

la imaginación de la mosca
chorros de miel anticipando
limones y mangos al bajío
que el suave terreno dibuja
una columna de olores al alba
un río de pomarrosas y guayabas
su luminosidad su ascensión
su fausto descenso
la mística mosca
destello del estío su prestancia

Cañaverales

arduo imán el que congrega a las salvajes cañas
por apretado camino entre sus muros
naviero vaporoso en verde mar expira

bailando su cresta nos sonríe
conocedora de afanes y destinos
prematuramente al sueño nos invita
a la otra zona su tierna clorofila

todo el ardor sus bordes maquinando
entre el zumbar festivo de las moscas
su desmesurada melena
su suave ondulación sus arrullos
por el dormido viento embelesa

Tejemanejes

> Lo esencial está entre la guanábana y el mango.
>
> Severo Sarduy

tirantez de la piel de la guanábana
encontronazo de la yegua
con su molesta decrepitud
transición desde el fuego hacia sus vértices añosos
yegua de nacarado esplendor
codicia la guanábana y sin saber subyuga
lejos queda el deslumbre
el brillo de muchos cascabeles
la encrucijada fija al abalorio
por el pescuezo seco del caimito
la yegua sabe que posee
el poder de la noche y su delirio
como un caimán dulzón se enrosca
por la nobleza erecta del monte
le preguntan su color y su melaza
pincha la noche con su temblor
despliega sin rubor sus tejemanejes

Retrato habanero

vagar bajo el sol todas las tardes fatigado
sin concebir ni merecer la sombra más oblicua
de vez en cuando un aluvión al corazón remoza
pero resulta demasiada agua para tan poco pasto

entonces como barcos retraídos flotan los mojones
por el viento occidental a una laguna convocados
en reunión difusa se animan sin repliegos
del cuerpo y sin decir una palabra fisgan

bordado en la comisura alegre de los años
animosos cascabeles de latón cobrizo y filigrana
la pajarera en el zaguán el fuerte helecho abraza
hundidos adoquines al caballo su rudo paso regocijan

aguzado el oído de la vecina el baño entero canta
mordida en su seno por albatros cobrizo desatina
masarreales pelusa manteca tumefacta
incesante lluviar al chino adorno fiel
de las esquinas sus calcetines agujereados arranca

un palomar constante un dulce claveteo
suntuosa bodega el amarillo insular la raspadura
los adoquines el aceite tres gotas
la singer milenaria
canela su cintura al fatigado corazón
su dulce ronronear levanta

Relambío linaje

el amansado asombro resalta en la mirilla
por canalones en espiral se desbarata
le induce una convicción su maravilla
su camisón a cuadros escarlata

le reclaman arqueros querellantes
sus serenas canalladas cabalgando
que no tiene suficiente indumentaria
levantado el refajo y su acordeón llorando

no me interesa entrar en la disputa
dijo el alambique desconfiado
sé de un algodón anaranjado dice
cejudo remanso pastoril maldice
el bocinazo rancio que denuncia
la incineración de la casa y sus relajos

ah los crepitares
bodegas ristras de ajo
cerrazón de voces que avasallan
almiquí por las ramas olisqueando

apetecen la sonoridad de la efe
dubitativos en el tiempo sapos
desentrañando semillas de aguacate
el relambío linaje se resbala
por canalones dorados se deshace
su oligarquía raquítica malsana

IV

LA MODA ALBANA

Abatido

la majestad del nogal contrasta con el devoto esfuerzo del mango por recuperar al poeta la hexagonía militar de los anones cayendo lechosos el asalto de la infancia esa manía de criar hoyuelos verás me condecoraron con un gran madero que de la sal se nutre o a ella vuelve que se nutre quizás de los arroyos por donde escapan los arquetipos de lo que resultó ser el sueño de alcanzar a brazadas ese hemisferio donde solitario blasfemas abatido y humano como una hemorragia

Alud

la totalidad de los infortunios flotó sobre mi cabeza hartazgo medieval gorriones muertos en el agua los huesos en las nubes trastabillan yo asisto sin rencor a los desagües a claudicar vayan los otros los de insondables liviandades los que se lavan sus manos en un río de moscas que sin sonido sobrevuelan no haber visto a tiempo el alud es mi infortunio no recordar el vuelco el repentino asco no haber visto el alud no regresar jamás de la noche

Debí quedar quieto

debí quedar quieto es el caos quien gobierna quema los parapetos en la casa de campo no quisiera recordar otros descalabros ni las palabras que buscan como criaturas el sol a medianoche debí cerrar la ventana debí dejar fuera el aire como si fuera la noción del tiempo debí quedar sin astros sin las hamacas que exhiben el único movimiento debí quedar quieto debí mas no sé qué hacer con este azul no sé si acariciar la mano o la cabellera u otra vez la mano de sublimes sombras

Los cerdos

era que no se movían las palmas cuando avanzábamos nariz pegada al suelo la impiedad de los ornamentos dispuestos en fila la mecánica sediciosa del tiempo que se sustraía y se estiraba regodeándose en la nobleza que no se cansa de embestir ferviente cultivadora de miserias los ojos cortados por una brisa rocambolesca las fachadas abatidas los brazos alzados de las palmas la mala memoria las seniles alpargatas un ruido más veloz que la tiniebla se observan sin moverse las palmas ardiendo toda esa altivez el paisaje nuestros ojos en el fango el canto que llueve ensordecedor los ornamentos así dispuestos en fila la consagración tácita de los cerdos

Convergencia

las estructuras inverosímiles lo corroboran como también los tambores bajo las manos blancas de los negros las espadas descansan hasta que la sangre deja de proferir sus maldiciones precisamente es lo que temen los centinelas porque el tambor y la agonía a veces cenan juntos y el destino es una amenaza que sufre de terribles convergencias todos arrastramos un tambor como el pordiosero lo arrastra sobre la nieve junto al decapitado junto a los deseos insanos que no sacian entonces el perro converge hacia el tambor y el ciervo exhausto se echa a descansar convencido de haber llegado por fin su noche más larga

Musitaciones de René Char

el insurgente alza sus brazos es un delito mancillar la noche no hay aspa de molino capaz de despejar toda esta niebla verso fluvial olas en ascenso suéltenme a patrullar como un lobo las negras estepas a devorar los rocíos del alba de regreso a mi cubil la recia mandíbula los ojos alterados el espanto de circunstancias prometeicas marcha de pasos congratulados escudos que se hunden en lo infinito mi verso es una flor en la marisma violentos carámbanos lo hieren ojos anegados de paisaje mi pagano corazón de acero tiembla y la rechinante roldana trastabilla dadme una escafandra para saltar al vacío ah dulzor endemoniado chamuscado abrazo la simplicidad codiciada de lo efímero decían que la manera más cierta era la incierta no volverá a vernos el sol la sangre será nuestra vergüenza ese fulgor rectilíneo que nos mata

Morder el cordobán

morder el cordobán hacerlo con el carraspeo propio del que disiente o se refugia en esa cavernosa decrepitud el ruiseñor que presumiblemente saldría de la roca busca sin aliento el agua se desvanece su trino pero es más severo el momento que la espera porque al morder el cordobán nos acostumbramos a engullir los resplandores perder el tiempo en un debate con el agua el incandescente propicia el respingo del mulo y nada puede la cercanía del ciclón contra el remanso el simbolismo es una silueta amarilla cuando el agua nos podía aún enternecer yo que me había conducido tan porcinamente arrastrando al abalorio desenterrando huesos de muertos que no querían despertar yo que me instalé denso entre las sombras sopeso los enjambres los melindres propios de la insurrección recabo los antiguos subsuelos creyendo oler la dulce pomarrosa en este devenir odioso de la tarde

Los decapitados

los decapitados de sonrisa indagadora la cetrina mueca se les ha quebrado esconden bajo sus boinas la arrogancia lo solapado el rojo torso las amarras los instintos pétreos los olivos uniformes las confesiones los tragos el aguardiente la nariz destrozada los conversadores decapitados cantando sin concierto sus consignas

Los banqueros

las calles mojadas por el océano la romana tradición tan vapuleada los mirones sentados sopesan el resuello de la maraca que avanza con nudos en los labios una idea que malamente sostiene esternones augurio de falsas mocedades cuando lo que se pierde se debe remojar en el vino como un pan o un pigmento ante la idea de la nada el orgullo continúa apostado con gran dedicación a la vigilia de los animales que son montes lejanos cuadriculando las páginas inmaculadas de los banqueros

Los toros

las gradas los aplausos los alimentos consumidos minutos antes del sacrificio el abrepecho ha desbordado sobre los lirios su antigua confrontación su océano su furia sus exageradas ansias la puñalada en lo hondo cuando la perspectiva del cosmos intimida y todo ese peso nos arrastra hacia el rincón más secreto tal vez estaba todo escrito y no podíamos concebirlo de otra manera bajo estas mantas raídas bajo la hegemonía ilimitada de los hilos rojos que encandilan y el ruedo el terrible ruedo que con euforia al exterminio bárbaro de los toros asiste

La bestia

sobre el dolor de la bestia se erigen los andamiajes del hombre le rozan su pelaje correas impregnadas de un sudor de muchos siglos pelaje irredimible como una plegaria inconclusa incongruente como las trincheras y las guadañas como los fuegos que lo vuelven todo polvo inocente como una mañana de marzo por afilados despeñaderos la bestia avanza su cortabrumas midiendo cada paso acarreando desde siempre los andamiajes absurdos del hombre

Mi colosal desconocimiento

mi colosal desconocimiento no me dejaba ver lo que se esconde lo que nos precipita al embrujo donde las fieras almas ululan no me dejaba ver aquel recado que dejaron en la hierba la transfusión de sangre de los árboles el torrente industrial la molestia del verbo el monolito las condecoraciones la ganzúa en el ojo cerrado del cielo los atrevidos saltos para alcanzarlo la locura coral *in crescendo* ese hueco intacto de los cirios que nubla constantemente los ojos

Ruta cuarenta

la peculiaridad de la ruta cuarenta es que no hay manera de comprar ningún tipo de aceite u otro género similar en su lado sur solo al norte se ubican los comercios dedicados a mercaderías propias del común asunto culinario sus variados utensilios y supercherías por el contrario el lado sur es rico en sustancias de las que llaman de calidad alucinante yerbas alcoholes vinos pociones de toda índole especias que inicialmente elevan al hombre y luego sin remedio lo colapsan

La cigarra

al que se aventura por la calle cuarenta yendo en dirección oeste como quien ignora a sabiendas las ominosas bitácoras le sorprende la gran tenacidad de las enredaderas que lamen las ahora inciertas orillas desde los barrios bajos el viento le trae entonces un tenue vaho incompresible y el llanto largo de una cigarra que no supo a tiempo largarse

Seres más o menos ovoides

el que atraviesa por aquella plaza que goza de exquisitos bordes o tal vez no sean bordes sino ademanes indecisos como ríos de extrema soledad no se sorprenderá por esa manada de seres más o menos ovoides que cargan siempre pesados equipos fotográficos dizque para humillar a aquellos de esbelta corpulencia que consideran ahora un derroche de la memoria incongruente de otros tiempos

Delirio

parado sobre el borde de mí mismo abro ventanas que inútilmente miran hacia abajo que no dejan pasar ni una gota de luz a los laureles que miran con ternura a un gato por esos techos de hojalata por donde corren a zancadas largas las fiebres vespertinas irreverentes del delirio

Musitaciones de Stanley Kubrick

tenía razón quien dictó sembrar esa brizna así debió ser me digo la cabeza y su adorno telúrico el embrión el zarpazo quebrantador así también imagino que la ceremonia que impulsa el aire en los molinos cesa su mordisco a la manera antigua en lo más anchuroso señala al espigón donde soltar amarras se vería como un acto belicoso como si la brizna o la mordida perdiera de pronto su entronque como si en la mutilación del corpúsculo cupiera la dispersión desorbitada de la especie

La composición del cieno

la composición del cieno venía a recordarnos a los dioses que estrujados guardamos en cualquier bolsillo tal vez porque el cieno esconde un centro frío impasible a nuestras mandíbulas a nuestros pasos en círculo a nuestros cantos orates bajo la luna pintada de las cavernas

Los borloros

a Naysé y Pabel

la razón por la que son tristes los borloros es que no encuentran sosiego en las palabras si ellos pudieran digamos camuflarse tras el morbo de una canción desesperada en la cercanía del entierro de los simios bajo miríadas de peces que nadan panza arriba mientras se adormecen adheridos a una lanza de epicúreos reflejos los borloros disfrutan fabulando el mimetismo de la rosa no les gobiernan lodos de extraños arrabales ni las emulsiones de lechosas transparencias mas la fabulación constante socava los espejos y sin espejos se sabe no puede haber misterio y sin misterio no se puede encontrar sosiego en las palabras solo un espacio chico al que debemos recular praderas torbellinos impúdicos lo de siempre

Los aplausos

al salir había una gran nube de piedras portento que logra desteñir los demacrados paisajes los cirios escondidos el todavía como una gota de cera que resbala y no llega nunca a desplomarse la camisa de tosca hechura desbaratando vínculos el miedo que exudan los tambores el sudor abochornado el ritmo de una marcha incongruente todo esto lo vi desde el umbral y los gestos de una revolución que no termina y la perpetua oración como sustento al más invertebrado de los aplausos

Reírse

todos los reyes magos que rebosan sus pipas todos los milenios que volaron sobre el cordón de orear la ropa que nos regalan su consabido caudal el brillo la plusvalía de las cejas la milésima parte de todo se desborda la uniformidad de las pipas encendidas campanas de la más grandiosa entropía los alegatos los fonemas que vienen cabalgando con su tinta romana los muros las trompetas la encomienda olvidada de los antiguos la facultad intrínseca de matar de comprender con claridad el himno de restregar al viento nuestra pávida bandera y reírse

La moda albana

andas del remanso a la chistera con ambiciones guardadas para cuando haya una mejor desilusión miras los atildados escaparates lo frío emanando liviandades miras la muralla sus pretensiones los astros acunando la milésima parte de tu centro vas hacia una guerra de gritos de a degüello mientras las hijas de carlos manuel de céspedes hacen compras en un *mall* al oeste de miami miras el humo de los puros caracolando su manoseo la fiebre por la moda albana la observancia de ciertos ritos que crean en el alma una inefable rigidez los zapatos sin el escollo que debió perseguir a los abuelos el apedreado en la cuneta su malestar agónico así por fin ves que la memoria te encierra en el más inaccesible de los terrenos ese remanso pueril que no tiene dueño ni tiempo ni resaca

Índice

Prólogo   7

I   El náufrago   13

     El náufrago • 15
     Tú no me recuerdas • 16
     Inorbitado aún • 18
     La excusa • 19
     Alepo • 20
     Los miserables • 22
     El pórtico • 23
     El abrepecho • 24
     Gorriones • 25
     Trenes en movimiento • 26
     Mi credo • 27
     Camp Fire • 28
     Cataclismo • 29

II   Perdida opulencia   31

     Perdida opulencia • 33
     Los de abajo • 34
     Yazgo • 35
     Desteje • 36
     Toda la gracia • 37
     Cinco décadas • 38
     Tardes • 39
     Otoño • 40
     Las limpiadoras • 41
     La grieguedad de la noche • 42

Epifanía • 43
Después • 44
Intrigas • 45
Los estanques • 46
Duele • 47
El armiño • 48
Ya estabas muerto • 49

III Relambío linaje   51

Isla cumbanchera • 53
Devaneos • 55
Sin envidiar • 56
Bembé • 57
Alacrán • 58
La mosca • 59
Cañaverales • 60
Tejemanejes • 61
Retrato habanero • 62
Relambío linaje • 63

IV La moda albana   65

Abatido • 67
Alud • 68
Debí quedar quieto • 69
Los cerdos • 70
Convergencia • 71
Musitaciones de René Char • 72
Morder el cordobán • 73
Los decapitados • 74
Los banqueros • 75
Los toros • 76
La bestia • 77

Mi colosal desconocimiento • 78
Ruta cuarenta • 79
La cigarra • 80
Seres más o menos ovoides • 81
Delirio • 82
Musitaciones de Stanley Kubrick • 83
La composición del cieno • 84
Los borloros • 85
Los aplausos • 86
Reírse • 87
La moda albana • 88

www.ingramcontent.com/pod-product-compliance
Lightning Source LLC
Chambersburg PA
CBHW020429010526
44118CB00010B/497